# SOUVENIRS
# DE FAMILLE
### DE 1781 A 1842

# SOUVENIRS
# DE FAMILLE

DE 1781 A 1842

# SOUVENIRS DE FAMILLE

## DE 1781 A 1842

Paris, 20 février 1818.

J'ai longtemps hésité à tracer les circonstances difficiles dans lesquelles m'ont jeté les malheurs de la Révolution française, malheurs qui se sont accrus au moment même où tout devait faire espérer un meilleur avenir ; j'ai senti que mes enfants pourraient y puiser quelques leçons utiles et une connaissance parfaite de cette trop funeste révolution, dont les faits ou plutôt les crimes qui en ont été la suite sont noyés dans une multitude d'ouvrages écrits avec plus ou moins de vérité et selon l'opinion politique de chaque auteur. Les uns éloignés de la France, les autres dans l'intérieur, connaissant à peine des maux qu'ils n'éprouvaient pas, en rendent toujours les effets beaucoup moins sensibles que celui qui est né pour ainsi dire avec la Révolution, qui l'a suivie et en a éprouvé les tristes résultats.

Ne parlant qu'à mes enfants et n'écrivant que pour leur instruction, je tracerai naïvement et le plus simplement possible l'histoire de notre famille, et ne remonterai qu'à l'époque de ma naissance qui est à peu près celle de tous les maux qui ont si longtemps frappé la France et qui la frappent encore cruellement au moment où j'écris. Je chercherai à leur persuader (ce qui doit être le résultat de leur première éducation) que l'homme vertueux a toujours, dans les moments les plus critiques, une digue à opposer à l'infortune, que l'homme immoral ne connait pas. Ils verront aussi que l'ordre dans les affaires particulières évite bien des tourments dans le cours de la vie; que la stricte observance des principes religieux est la base de toute société, et que la confiance en la Providence donne bien des moyens de lutter contre l'adversité.

Je mêlerai à ce petit recueil quelques fragments de politique, et je choisirai ceux qui m'auraient touché plus particulièrement. Tout en m'élevant à des considérations générales, je veux prouver qu'il n'y a jamais à composer avec l'honneur, et que le mot de fidélité, si souvent prostitué dans cette trop fameuse révolution, est cependant, tant envers Dieu qu'envers le Roi, la seule boussole qui doit nous diriger.

# COMMENCEMENT

Mon père fut marié le 12 février 1780 [1]. Il eut pour père et beau-père deux hommes d'une sévérité rare et qui connaissaient à peine la tendresse paternelle. Tout en respectant leur mémoire je ne dois pas taire que cette grande sévérité fut peut-être la première source de la décadence de notre fortune, qui était brillante alors et qui se serait conservée si l'union dans la famille eût existé. Mais! que dis-je? il aurait aussi fallu éviter la Révolution.

Cette sévérité dont mon père, sans défauts réels, fut cependant la victime, lui fit chercher des secours provisoires chez ses amis. Il fut même chassé avec ma mère d'une terre qui lui avait été donnée par contrat de mariage, et vint habiter une simple chaumière au milieu d'un triste village, sous les yeux de ses père et mère qui ne lui rendirent aucun secours.

La conduite de son beau-père fut la même; il y joignit des poursuites judiciaires pour restitution des jouissances de cette terre qui faisait la dot de ma mère, et mon père se trouva sans aucun moyen d'existence.

---

[1]. Mademoiselle Descamps.

1781. — Je vins au monde ainsi qu'un frère et une sœur au milieu de cette affligeante situation qui ne fut pas améliorée. Seulement, au bout de quelques années, mon grand-père maternel me fit élever, mon grand-père paternel se chargea de mon frère et de ma sœur morte des suites d'une longue maladie (elle avait trois ans).

De 1781 12 mars, époque de ma naissance, jusqu'en 1789, la position de mon père ne changea point, et la mienne resta la même; et à la fin de cette année 1789 je fus retiré de chez mon grand-père maternel, incorporé dans le régiment de *Royale Guienne*, cavalerie où avait servi mon père, et mis en pension particulière dans la ville même où était en garnison le régiment auquel j'appartenais. En 1790 mes deux grands-pères moururent. L'existence de mon père changeait, mais hélas ! cette Révolution trop fameuse dans les annales du monde commençait ou plutôt prenait un caractère qui ne laissait que trop entrevoir les suites funestes qui devaient en être les résultats. Depuis longtemps les germes en avaient été jetés; quelques-uns pensent que dès la Saint-Barthélemy le plan en fut conçu, et qu'il fut suivi successivement sous nos rois jusqu'au règne de l'infortuné Louis XVI, moins ferme sans doute que ses prédécesseurs ou destiné par le ciel à devenir la victime. Le pouvoir lui échappa, malgré ses vertus, ses talents, et le 21 janvier une poignée de factieux se rendirent coupables du crime affreux de régicide. Je dis une poignée, car la nation fut loin de partager un tel attentat. Le deuil fut général, et la France, privée de son roi, vit fondre sur elle tous les malheurs qui doivent nécessairement résulter de tant de forfaits. Sous Louis XIII cette cruelle révolution se prépara dans le mystère; Louis XIV la contint; Louis XV l'éloigna, malgré tous les efforts des conspirateurs et le puissant auxiliaire de tous les auteurs les plus corrompus du siècle. Mais le vertueux Louis XVI auquel il aurait fallu un bras de fer, n'ayant qu'un cœur tendre et une âme pure, reçut la palme du martyr.

En 1791 le régiment quitta la garnison, et, trop jeune, je ne pus le suivre dans l'émigration qui s'effectua presque en masse. Je rejoignis mon père qui de son côté se disposait comme tous les gentilshommes à prendre le chemin de l'honneur. Mon frère fut mis en pension et nous nous dirigeâmes sur Lyon, mon père, ma mère et moi, pour de là passer à l'étranger. Une longue maladie qui atteignit mon père à Lyon, le siége qu'éprouva cette ville pour garder sa fidélité, des obstacles insurmontables, tout se réunit pour nous empêcher d'effectuer le plan qui généralement était adopté. Il fallut donc rétrograder et rentrer dans notre province.

S'il faut en croire le rapport des domestiques, celui de quelques personnes de la connaissance de mon père, pendant son séjour à Lyon, il fit un envoi considérable d'argent et d'argenterie à Mayence, et de là à l'étranger; les événements l'ayant empêché d'exécuter son projet, il ne put suivre les objets qui ont été perdus pour toujours. Sans avoir des preuves certaines de cette assertion, je serais assez disposé à la croire, attendu que tous les emprunts, ou du moins une très grande partie, ont été faits à Lyon en date de 1792, époque à laquelle mon père conservait encore l'espoir de s'émigrer.

Arrivés à la terre ¹ de mon père, son nom vénéré, le bien qu'a toujours fait notre famille, le respect qu'on portait encore à la mémoire de son père, furent pour nous autant de gages pendant quelques mois d'une assez douce tranquillité ; mais l'orage grondait et pénétrait dans les retraites les plus reculées. La mort du vertueux Louis XVI devint le signal d'une suite de crimes plus affreux les uns que les autres. Hélas ! après un tel attentat que pouvait-on espérer ?

Bientôt la fameuse loi des suspects nous frappa comme tout ce qui portait un nom, possédait une fortune, ou jouissait des bienfaits que procure toujours la pratique de la vertu. Rien ne fut sacré, l'âge, le sexe, les infirmités, tout fut atteint par cette affreuse loi. Nous nous trouvions tous réunis : mon frère avait quitté sa pension, une tante chanoinesse ² sœur de mon père fut chassée de sa maison, un grand-oncle capucin eut le même sort, et la famille entière eut ordre de se rendre dans les vingt-quatre heures au chef-lieu du district sous la surveillance des autorités de ce temps-là. Grand Dieu ! quelles autorités ! un maréchal-ferrant, un cordonnier, un boulanger, un boucher, des frippiers, voilà l'espèce d'hommes appelés, disait-on, par la voix du peuple à gouverner la France, et à être les exécuteurs des lois d'une république une et indivisible, qui succédait à cet état monarchique qui pendant un nombre considérable d'années fit le bonheur des Français,

1. Précord, en Bourbonnais.
Mademoiselle Adélaïde de Grassin.

idolâtres de leurs rois, et surtout ceux de la branche régnante (les Bourbons).

On se mit en route; mais pendant le trajet on reçut contre-ordre, avec l'injonction de se rendre au chef-lieu du département [1], il fallut obéir. Rendu dans cette ville, témoin des excès du trop fameux Fouché, de Nantes, mon père fut en arrivant mis en prison où il trouva un grand nombre de compagnons d'infortune. Ma mère, ma tante, une grand'mère de quatre-vingts ans, et mon grand-oncle le capucin, conservèrent encore une ombre de liberté. Mon frère et moi, avec un instituteur et quelques domestiques, avions obtenu, par une faveur spéciale, la permission de rester à la campagne sous la surveillance du maire de la commune, qui, au reste, était un assez brave homme, et tout bonnement l'un de nos vignerons.

La liberté dont semblaient jouir les autres membres de ma famille fut mêlée de tant d'amertumes, de vexations, que leur détention aurait été peut-être préférable. Néanmoins, ma mère obtenait de temps à autre, et à force de sollicitations, la permission de venir nous voir à la campagne. Pendant l'un de ses voyages une émeute populaire qui eut lieu à un petit bourg près de sa terre et dans laquelle se trouvèrent par hasard deux de nos domestiques, servit de prétexte pour doubler les vexations qu'on exerçait déjà contre nous tous; mon père, quoique en prison, fut accusé d'être l'auteur de cette insurrection, et ma mère de l'avoir dirigée. Les surveillances doublèrent et, par ordre des administrateurs du district de Cusset, la force armée,

---

[1]. Moulins-sur-Allier.

au nombre de trois mille hommes avec trois pièces de canon, vint un matin environner le château, y faire une fouille, sous prétexte qu'il devait y avoir cachés un grand nombre d'émigrés, de prêtres et de gens suspects, qui tous devaient avoir coopéré à l'insurrection. On ne trouva personne, et l'on s'en vengea sur les meubles qui en partie furent brisés ; on commit toutes les dégradations possibles, et cette force armée de trois mille hommes, croyant remporter une victoire, emmena les deux domestiques qu'elle arrêta et qui par hasard avaient figuré dans l'émeute. Mon père fut condamné à payer trois mille francs pour le transport de ce ramas de brigands qui n'évacuèrent le château qu'après avoir consommé les plus horribles excès. Cette somme fut versée à la caisse du Comité de salut public qui ne donna que trois jours pour la réaliser.

Nous étions dans les premiers mois de 1793 et nous touchions à de plus grands malheurs. Mon père, malade en prison, ne put faire partie d'un convoi de victimes au nombre de trente-deux, qu'on dirigea sur Lyon ; il devait faire le trente-troisième. Ces trente-deux personnes étaient tout ce que la province fournissait de mieux en hommes qui commandaient le respect ; ils furent traduits au tribunal révolutionnaire de Lyon aussitôt leur arrivée ; on les exécuta dans les vingt-quatre heures sans autres preuves de culpabilité que leur naissance et leur fortune. Mais Robespierre, ce fléau de Dieu, régnait sur la France ; il ne voulait laisser exister, pour asseoir son pouvoir, ni nobles, ni prêtres, et voulait sacrifier à son infâme ambition tout ce qui pouvait s'y opposer. C'est ainsi que s'opérèrent par la coopération du fameux Fouché tous les massacres de Lyon, ceux de Paris et les fameuses noyades de Nantes, qui furent précédés et suivis de crimes non moins atroces soit à Paris, soit dans un grand nombre de villes du royaume. Il n'y eut pas une ville qui ne comptât alors une ou plusieurs victimes, et la France entière fut en quelques mois couverte de deuil. Mon père, qui avait échappé à la fusillade de Lyon, fut peu de temps après conduit à Paris, où ma mère le suivit ; et l'un et l'autre transportés avec beaucoup de leurs compagnons d'infortune sur de tristes charrettes qui faisaient présager le sort qui les attendait, furent traînés à l'échafaud, le 21 nivôse, sur la place même où leur Roi avait reçu, le 21 janvier, la palme du martyre. Mon grand-oncle capucin fut aussi arraché de la prison de Moulins et traîné à Rochefort pour y subir la déportation ; il expira avant le départ, à bord d'un vaisseau où sa mort fut celle d'un prédestiné.

Tel pénible que soit à tracer ce tableau, je ne dois pas laisser ignorer à mes enfants les dernières paroles de ma mère dont le courage égala toutes les autres vertus. Arrivée au lieu du supplice et entourée de soixante-trois victimes qui, comme elle, devaient subir le jugement inique du tribunal révolutionnaire de Paris, présidé par l'infâme Fouquier-Tinville, elle exhorta tout le monde à la mort, eut la fermeté d'âme d'être la dernière victime immolée sans être effrayée du triste spectacle dont elle fut si longtemps témoin. Elle disait à chacun de ceux qui la précédaient : « Allons, mes amis, quand on meurt pour » son Dieu et pour son Roi, on ne doit pas craindre la » mort. » Et avec le même courage, elle porta sa tête sous le fer homicide..... Elle avait trente-deux ans.

Le grand caractère qu'elle déploya faillit la sauver. Les bourreaux, fatigués d'une aussi longue exécution, déjà ébranlés par sa fermeté (qui jusque-là avait été sans exemple), quoique accoutumés à voir ruisseler le sang, ne purent s'empêcher de l'admirer et préparaient son évasion dans la foule, lorsque l'un de ces infâmes suppôts de la tyrannie s'en aperçut et ordonna l'exécution qu'elle ne chercha point à éviter.

Quatre domestiques, parmi lesquels se trouvaient les deux arrêtés par l'armée révolutionnaire dont nous avons parlé plus haut, furent également conduits à Paris et figurèrent au soi-disant procès. Leur conduite fut abominable et lâche, mais ils furent renvoyés. L'un de ces quatre, qui avait les secrets de la famille et qui toujours fut comblé de bienfaits, n'eut rien de plus pressé, en revenant en Bourbonnais, que d'aller enlever tout ce qu'il savait avoir été caché en argenterie, linges, bijoux, etc... Au reste, ce vol n'a pas fructifié, et la Providence a permis qu'au bout de quelques années la plus noire misère devint le partage de cet infidèle domestique.

Peindre à cette époque l'état de notre malheureuse patrie est au dessus de mes forces. Je laisse ce soin à des plumes exercées et je me renferme dans mon plan, dont le cadre doit être proportionné au sujet que je me suis proposé. Il me suffira de dire en masse que tout fut crimes, désordres, massacres : plus de lois, plus de principes, plus de religion, le vrai Dieu méconnu ; et les Français si bons, si loyaux, devinrent pour la plupart un peuple dont l'histoire n'a présenté et ne présentera vraisemblablement jamais d'exemple.

Je reviens aux suites de l'événement fatal qui nous a frappés le 2 nivôse. Mon frère et moi, je ne sais par quel miracle, fûmes oubliés à la campagne. Ma grand'mère et ma tante, consignées à Moulins dans leur domicile, n'éprouvèrent d'autres tourments que ceux du besoin. Car toutes les propriétés furent aussitôt frappées d'un séquestre si sévère que ma grand'mère, âgée de plus de quatre-vingts ans, et sa fille eurent recours à des amis presque aussi maltraités qu'elles.

Nous nous trouvions en 1794, dont l'hiver fut si rigoureux, mon frère et moi, placés sous la surveillance de la municipalité, habitant la campagne de mon père, à la garde de deux bons et loyaux serviteurs de mon grand-père paternel, dont la conduite pendant tous nos malheurs est digne des plus grands éloges, et qui, joignant à leur véritable attachement une fidélité rare, ne nous abandonnèrent jamais. Le district du Donjon, par un sentiment d'humanité, nous accorda à chacun une pension de trois cents francs en assignats, mais à condition que nous serions placés chez un cordonnier, afin d'apprendre son état. Cette condition, malgré nos besoins sans doute bien grands, nous empêcha de nous rendre aux vœux bienfaisants du district. La pension fut supprimée et la gendarmerie eut ordre de nous rechercher et de nous traiter en rebelles. A peine avions-nous de quoi nous vêtir ; nous passâmes cet hiver simplement habillés en toile, et souvent couchant à la paille, dans la crainte d'être arrêtés. Point de bois, ou allant comme à la dérobée en enlever quelques branches dans nos propres forêts, mangeant du pain d'avoine dont les pailles pouvaient nous étrangler.

Ce pain, quelquefois, était accompagné de fèves de cochon ou de pommes de terre, hommages de quelques braves et bons paysans du canton. Combien de fois mes faibles mains ne furent-elles pas obligées de gagner notre nourriture! J'avais quatorze ans et mon frère treize. Je supprime ici une foule de détails plus ou moins affligeants et j'arrive à notre dépouillement général.

La vente du mobilier des deux terres [1] fut immédiatement opéré par les soins et à la diligence des administrateurs des deux districts de Cusset et du Donjon. Toutes les horreurs se reproduisirent pendant cette spoliation. Les hommes chargés de nous dépouiller s'érigèrent en maîtres et prirent la place des propriétaires, se faisant servir avec une exigence plus sévère que s'ils eussent été des potentats ; les caves furent ouvertes et toutes les provisions consommées dans huit jours de fêtes qui précédèrent la vente au plus offrant et dernier enchérisseur. Ces scènes d'un pur vandalisme avaient attiré d'abord par l'appât du gain, et ensuite par celui de toutes les débauches possibles, une foule d'individus de tous les environs, et là, dans les châteaux, ils y étaient logés et nourris gratuitement. Sur le prix de la vente, on fit de nouvelles provisions afin d'entretenir longtemps nombreuse compagnie et entourer cette vente d'un concours prodigieux de gens presque aussi scélérats que ceux qui l'opéraient. Ceci se passait à peu près sous nos yeux. Une femme que je me plais à citer, gouvernante de la maison, chercha à détourner et arracher des mains de ces vandales plusieurs objets. Elle

1. Précord et Saint-Étienne-le-Bas en Bourbonnais.

fut découverte et peu s'en fallut qu'elle ne payât cher sa fidélité. Loin d'être rebutée de ce premier échec, elle osa en notre faveur élever la voix et demander qu'on nous laissât au moins de quoi nous coucher. Elle n'obtint pas le quart de ses sollicitations et l'on crut faire beaucoup pour des rebelles, disait-on, en nous donnant *un lit, cinq draps, deux serviettes*. D'un autre côté, où personne ne réclamait, on poussa la cruauté jusqu'à vendre en place publique, dans une petite ville près la terre de ma mère, nos propres habits. Les deux habitations, en moins de six semaines, furent entièrement dépouillées des nombreux mobiliers qui les garnissaient.

Je ne parle pas des dégradations commises. Nos propriétés furent dès lors regardées comme *propriétés nationales* et sur-le-champ mises en vente. La terre de ma mère devint le partage de cinquante-neuf particuliers qui, à vil prix, se la firent adjuger en payant, beaucoup par anticipation, avec des assignats dont tout le monde connaissait la valeur. Celle de mon père, par des entraves que put y mettre ma grand'mère, n'eut pas le même sort. Et les débats qui s'élevèrent alors entre elle et le district du Donjon, dont au fond les administrateurs n'étaient pas tout à fait semblables à ceux de Cusset, amenèrent des longueurs qui nous conduisirent au 9 *thermidor*, époque de la chute de Robespierre, auteur ou plutôt exécuteur des crimes décrétés par les représentants de la République.

La tête de Robespierre était tombée, mais non la suite de son affreux système. Une autre faction tout aussi puissante que la sienne, cependant moins sanguinaire, reprenait les rênes d'un gouvernement qu'il venait de perdre, et il fut alors permis aux veuves et aux orphelins de tant de victimes d'adresser quelques réclamations qui néanmoins éprouvaient toutes les difficultés que devaient faire naître le succès d'une guerre de plusieurs années de la classe plébéienne contre la noblesse, de l'apostasie contre la religion chrétienne, enfin de tous les crimes contre toutes les vertus politiques et religieuses. On fut longtemps à se dessaisir de la terre de mon père que nous arrachâmes presque de force des mains des agents de la République. Ces mêmes agents trouvaient sans doute fort doux d'administrer pour leur propre compte les propriétés d'autrui ; un grand nombre ont fait des fortunes immenses ; beaucoup ensuite ont péri de misère, parce que ayant perdu l'habitude du travail, ou ayant abandonné leur état pour se livrer au pillage et à toutes les passions qu'occasionnent toujours une licence effrénée, ils ne purent reconquérir la la confiance d'un peuple qui commençait à ouvrir les yeux. La plupart furent obligés de s'expatrier, d'autres vécurent ignorés, quelques-uns même payèrent de leur tête un trop funeste égarement.

Les représentants du peuple furent alors envoyés dans tous les départements et chargés au nom de la République de rendre la justice. Quelle justice ! Celui qui vint dans le Bourbonnais nous renvoya en possession de ce qui n'était pas vendu. Je dois ici citer un fait qui prouvera jusqu'à quel point l'idée de destruction s'était accrue dans toutes les têtes des agents du gouvernement, qui laissera éternellement des traces de son existence. L'ordre de renvoi en possession était connu, j'en avais reçu l'expédition, et je faisais tout préparer en la terre de mon père pour y recevoir ma grand'mère et ma tante qui devaient y revenir, lorsqu'un matin une compagnie d'ouvriers vint abattre les grilles de fer qui avaient échappé aux temps les plus orageux. Je fis, la loi à la main, sans succès, toutes les observations possibles, et je fus forcé de voir s'augmenter sous mes yeux le nombre des dégradations ; je dis dégradations, car les grilles ne furent point enlevées, elles furent seulement abattues, et les ouvriers, pour se payer de leur salaire, volèrent quelques morceaux de fer. Ce fut cependant la dernière voie de fait commise.

En conformité de ce renvoi en possession, nous réclamâmes quelques lambeaux de mobilier qui avaient été traînés au district du Donjon ; rien ne fut trouvé à Cusset, et de celui de la terre de ma mère tout était devenu la proie des vandales, dans une petite ville mémorable par les crimes qui s'y sont commis et par les hommes qu'elle a vus naître. [1]

Ma grand'mère et ma tante revinrent à Précord. Quel spectacle ! à peine avait-on pu réunir de quoi se coucher et s'asseoir. Son immense château dévasté de la cave au grenier, presque tous les carreaux des fenêtres cassés, aucunes provisions, tous les domaines affermés par anticipation, peu de linge et encore moins d'argent. Séparée de presque toute sa famille, cette malheureuse mère ne retrouvait à son âge que deux petits enfants et une fille échappés ainsi qu'elle-même aux massacres. L'émigration

1. Cusset en Bourbonnais.

ou la France révolutionnaire lui avait enlevé le reste.
Quel isolement! et quelle cruelle position!............
................................................
................................................
................................................

Ici il existe une regrettable lacune dans ces souvenirs de famille. Mais on a été assez heureux pour retrouver dans le *Nobiliaire général de France* la fin d'une vie si loyale et si pure.

La conduite du vicomte de Grassin pendant les désordres révolutionnaires est sans tache. A la Restauration, il fut un des députés de la noblesse du Bourbonnais qui précédèrent le Roi à Paris et qui venaient mettre aux pieds de Sa Majesté les hommages de cette province. Cette députation fut présentée en audience particulière à Son Altesse royale Monsieur, le 22 avril 1814, et eut l'avantage d'être la première de toute la France. Le vicomte de Grassin, toujours plein de zèle pour la cause royale, se fit recevoir, dès la première formation, garde du corps du Roi, dans la compagnie de Grammont. Mais bientôt Son Altesse Royale Madame la Duchesse d'Angoulême, qui avait toujours daigné l'honorer de sa bienveillance, le retrouvant en faction à la porte du Roi chez qui elle se rendait, lui dit avec bonté que, père de famille de quatre enfants, sa place n'était plus au milieu de cette jeunesse ardente, qu'il pourrait dans d'autres fonctions donner tout son dévouement au Roi. Trois jours après, le 9 septembre 1814, le vicomte de Grassin était nommé sous-préfet de Dinan où il administra avec zèle et fidélité jusqu'à la nouvelle révolution qui vint désoler la France. Il conserva néanmoins l'administration tant qu'il put, se concerta avec les officiers qui devaient lever des volontaires royaux, notamment avec le vicomte de Briel de Pont-Briant, son ami, et l'homme qui peut-être a rendu le plus de services à la cause royale dans l'arrondissement de Dinan, où M. de Grassin conserva dans plusieurs communes le drapeau blanc jusqu'au 23 avril; il s'opposa sans crainte pour sa vie à toutes les entreprises des fédérés, protesta publiquement contre la plantation d'un arbre de la liberté qu'un délire révolutionnaire avait élevé après une orgie semblable à celles dont on fut témoin en 1793. Il ne quitta l'administration de son arrondissement qu'après y avoir été contraint, ayant refusé le serment; il fut expulsé de Dinan où il agissait encore pour la cause sainte, le 8 mai, après une signification qui lui fut faite par le nouveau préfet de Saint-Brieuc. Il fut donc obligé de rentrer dans ses foyers où malgré la plus sévère surveillance du gouvernement d'alors il travaillait pour le parti du Roi. Les événements de 1815 et l'ordonnance royale du 7 juillet le rappelant à son poste, il se rendit de nouveau à Dinan le 21, et il fit au milieu des plus grands dangers reconnaître l'autorité royale qui y était de fait méconnue. Cette révolution fut opérée en quelques heures, mais le lendemain l'effervescence fut portée à son comble, la présence du prince de la Trémoille, commissaire de Sa Majesté, connu par son dévouement à la cause légitime, ne put même en imposer à ces factieux, qui se portèrent de nouveau à tous les excès et soutinrent la réputation des fédérés. Le vicomte de Grassin ne dut dans cette journée son salut qu'à son sang-froid et à sa fermeté; il fut mis en joue, à la porte de la ville, par cinq fédérés écumant de rage et à une distance de dix pas. Il marcha droit à eux malgré les baïonnettes qui touchèrent ses habits, en mettant la main sur sa poitrine et en leur disant : « Je suis le sous-préfet envoyé par le Roi, tirez si vous l'osez. » A lui seul, en présence d'une foule d'habitants dont les cris de Vive le Roi ! étouffaient les blasphèmes des fédérés, il fit rentrer dans la ville ceux-là mêmes qui voulaient le fusiller. Il fit un rapport particulier de cette cruelle journée au prince de la Trémoille et au ministre de l'intérieur qui daignèrent lui accorder un entier suffrage accompagné d'éloges très flatteurs. Il parvint enfin, à force de fermeté, aidé de tous les honnêtes gens et puissamment secondé par l'excellente famille des du Briel de Pont-Briant, à rétablir l'ordre et le calme dans l'arrondissement de Dinan, et particulièrement dans la ville, où pendant les Cent Jours la plus complète anarchie avait régné. Son administration fut marquée par une grande sagesse, un vrai dévouement, une justice sévère; il avait préparé des améliorations dont nos malheurs ont suspendu l'exécution.

Appelé au mois d'août 1815 à l'importante sous-préfecture de Mayenne, il quitta Dinan, emportant l'estime de tous ses administrés et particulièrement regretté de ses nombreux amis qui envoyèrent même une députation à Paris pour le conserver parmi eux. L'ordonnance royale lui était parvenue, il crut de son devoir, ne calculant pour rien les sacrifices, de se rendre à son nouveau poste, où il arriva le 13 août 1815. Rendu à Mayenne, il dut, comme à Dinan, s'occuper d'améliorations et de réparer les maux d'une longue guerre civile qui n'était point encore éteinte et qui avait entraîné avec elle les plus grands désastres. Il parvint à rétablir l'ordre, et l'administration, en peu de jours, avait repris toute sa force et toute sa régularité, lorsque un corps de vingt-cinq mille Prussiens vint fondre sur ce malheureux arrondissement, pauvre, très peuplé et d'un sol presque ingrat : l'industrie est la principale ressource de ce pays. On ne peut dépeindre le cruel embarras où se trouva M. de Grassin : un pays neuf pour lui, une nuée d'étrangers très exigeants, une comptabilité très considérable et présentant sans cesse des difficultés ; tout était écueil et travail pénible. Il a su cependant faire respecter ses administrés et l'autorité royale, régler ses comptes avec une telle exactitude que le conseil général du département de la Mayenne, dans la session de 1817, séance du 23 avril, lui a donné des éloges flatteurs en sanctionnant ses comptes et en rendant justice à sa bonne et loyale administration. Dans le passage successif de quarante-cinq mille Prussiens, sa conduite a été remarquable par son zèle, son économie et sa persévérance. Estimé des chefs de l'armée prussienne, il conserva les droits de son souverain, en donnant aux alliés ce que les règlements militaires leur accordaient, mais en même temps protégeant ses administrés contre toute atteinte à leurs propriétés.

Il contribua à la bonne composition de la gendarmerie royale, à la formation d'une administration sage et dévouée au Roi, à celle d'une excellente garde nationale, et à toutes les différentes branches du gouvernement. Partout on a remarqué son zèle, son activité et sa grande justice, qui forçait même ses ennemis à l'estimer et à le respecter. Privé de sa fortune par la Révolution, il a fait abandon de son traitement pendant un certain temps, et a souscrit pour l'érection de plusieurs monuments tant historiques que religieux.

Il fut un instant secrétaire de M. de Villèle; mais ayant voulu lutter contre ce ministre dont il ne partageait pas toutes les idées, il fut destitué et obtint à Paris une recette qu'il administra pendant quelques années. Voulant ensuite rentrer dans la vie politique, il acheta la terre de Dizy, près d'Epernay, pour avoir le droit de se porter comme député; là encore il échoua.

Les événements de 1830 trouvèrent le vicomte de Grassin toujours fidèle et travaillant encore pour la cause légitime en se livrant à des espérances qui ne devaient pas se réaliser. En 1832 une banque française, sous la direction de M. de Jouffroy, s'établit à Rome, M. de Grassin en fut nommé sous-directeur. Cette société établie sur de solides bases, fortement appuyée par le gouvernement pontifical auquel elle devait venir en aide, commençait à fonctionner avec succès; elle porta bientôt ombrage aux grands banquiers romains qui firent intervenir le gouvernement français, lequel n'y voyait déjà que des noms et des hommes partisans de l'ancien régime. D'après les ordres de M. Thiers, la réunion fut dispersée. Ainsi les agitations politiques qui avaient pris M. de Grassin au berceau le poursuivirent jusqu'à la tombe. Il se retira à Suverette en Toscane, dans une concession de terrains faite par le grand Duc, où il mourut au mois de juin 1842, chez sa fille mariée au comte de Bigault des Fouchères, d'une ancienne famille de Champagne.

Le vicomte Pierre-Nicol-Charles de Grassin avait épousé M{}^{lle} Elisabeth-Alexandrine de Basset d'Hauto, maison de la province du Forez.

www.ingramcontent.com/pod-product-compliance
Lightning Source LLC
Chambersburg PA
CBHW060932050426
42453CB00010B/1964